A lenda do Alecrim

A lenda do Alecrim

Hellenice Ferreira

ilustrações
Aline Haluch

escrita fina

Copyright© 2009 de texto *by* Hellenice Ferreira
Copyright© 2011 de ilustração *by* Aline Haluch
Copyright© 2011 desta edição *by* Escrita Fina Edições

Grafia atualizada segundo o Acordo Ortográfico da Língua Portuguesa de 1990, em vigor no Brasil desde 1º de janeiro de 2009.

Todos os direitos reservados e protegidos pela Lei 9.610, de 19 de fevereiro de 1998.
É proibida a reprodução total ou parcial sem a expressa anuência da editora.

Coordenação editorial: Laura van Boekel
Editora assistente (arte): Luíza Costa
Ilustrações, projeto gráfico e diagramação: Aline Haluch | Studio Creamcrackers
Transcrição da partitura: Heitor Martins Isaac

CIP-Brasil. Catalogação na fonte.
Sindicato Nacional dos Editores de Livros, RJ.

F441L

Ferreira, Hellenice de Souza, 1970-
  A lenda do alecrim / Hellenice Ferreira; Ilustrações de Aline Haluch. –
1ª ed. – Rio de Janeiro: Escrita Fina, 2011.
  32p.: il.;

  ISBN 978-85-63877-48-2

1. Conto infantojuvenil brasileiro. I. Haluch, Aline, 1969-. II. Título.

11-7457.   CDD: 028.5   CDU: 087.5

Escrita Fina Edições
[marca do Grupo Editorial Zit]
Av. Pastor Martin Luther King Jr., 126 | Bloco 1000 | Sala 204
Nova América Offices | Del Castilho
20765-000 | Rio de Janeiro | RJ
T.: 21 2564-8986 | editora@zit.com.br
grupoeditorialzit.com.br

Impresso no Brasil/*Printed in Brazil*

Dedicatória

Para minha mãe e minha filha, que me dão vida
e sonhos.
E para Beatriz, Bianca e Laura, que sabem
cuidar das histórias com carinho ímpar.

Hellenice

Para André, amor de todos os dias.
Para Tito e Miguel, que me estimulam
a ser uma pessoa melhor.
Para Laura, que achou possível transformar
meus desenhos num livro.

Aline

Dizem que, certa vez, Maria e José precisaram fazer uma longa viagem com o menino Jesus.

Todas as plantas do caminho
por onde a família passaria
ficaram plenas de felicidade:
veriam o Santo Menino!

Vestiram-se com as mais belas flores e prepararam seus mais delicados aromas para embelezar a passagem da família.

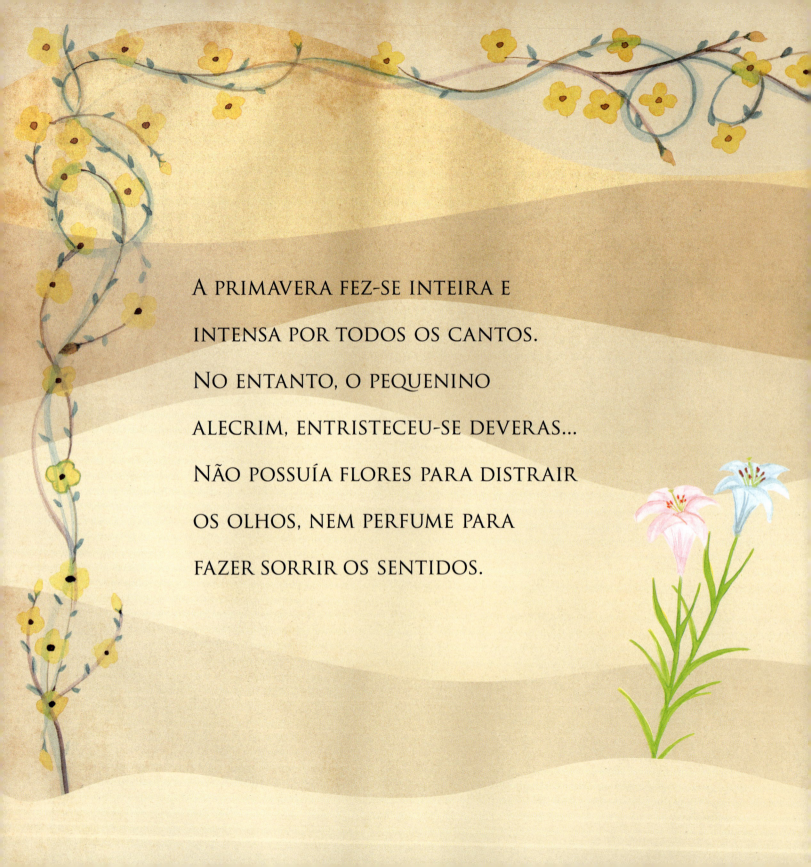

A primavera fez-se inteira e intensa por todos os cantos. No entanto, o pequenino alecrim, entristeceu-se deveras... Não possuía flores para distrair os olhos, nem perfume para fazer sorrir os sentidos.

Triste e acanhado

continuou assim:

alecrim apenas...

Quando avistaram a família se aproximando, as flores começaram o maior espetáculo de beleza e harmonia.

Maria tudo observava. Por onde passava, notava cada cor e sentia todos os aromas que perfumavam o caminho.

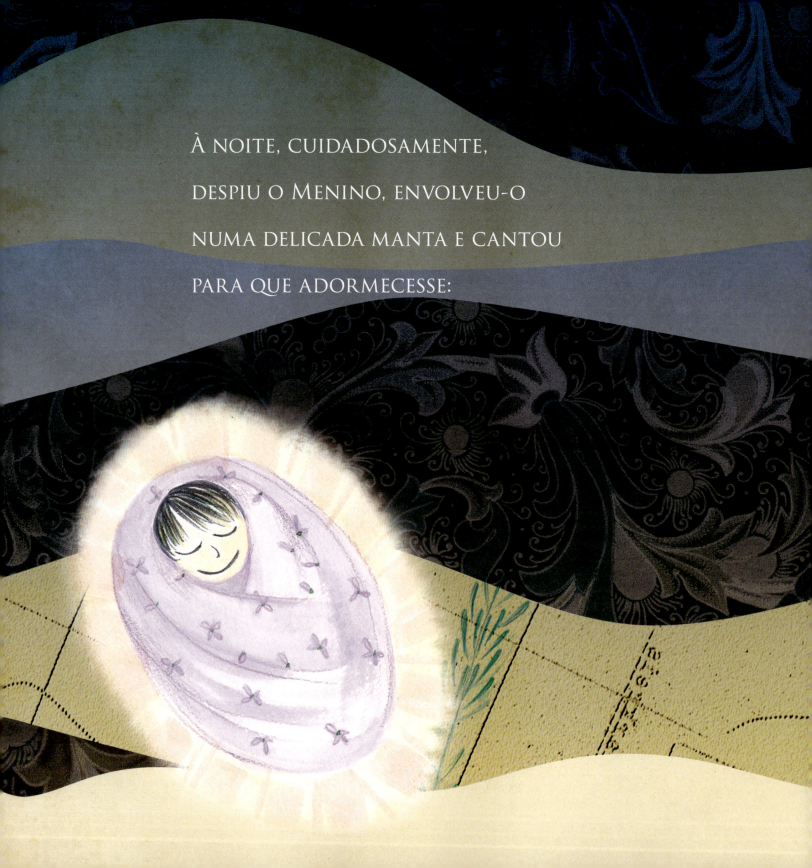

À NOITE, CUIDADOSAMENTE, DESPIU O MENINO, ENVOLVEU-O NUMA DELICADA MANTA E CANTOU PARA QUE ADORMECESSE:

— Dorme, filhinho,
Que eu tenho o que fazer

Lavar e secar

A roupinha pra você.

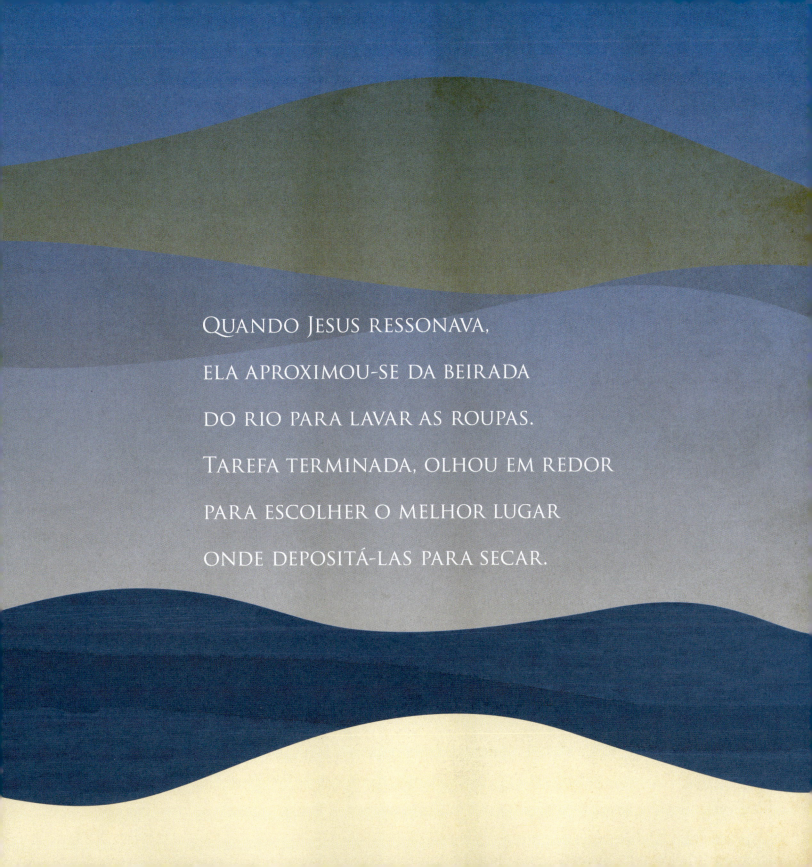

Quando Jesus ressonava, ela aproximou-se da beirada do rio para lavar as roupas. Tarefa terminada, olhou em redor para escolher o melhor lugar onde depositá-las para secar.

— Não posso colocá-las sobre os lírios. Seu caule alto e frágil vergaria até se quebrar.

"Também não posso depositar as roupas por sobre as flores dos campos porque o peso, ainda que pequeno, desfaria suas pétalas..."

"Ah! Já sei. Vou colocá-las por sobre os alecrins. Suas folhas levemente pontiagudas e firmes podem receber esta tarefa sem nada sofrer."

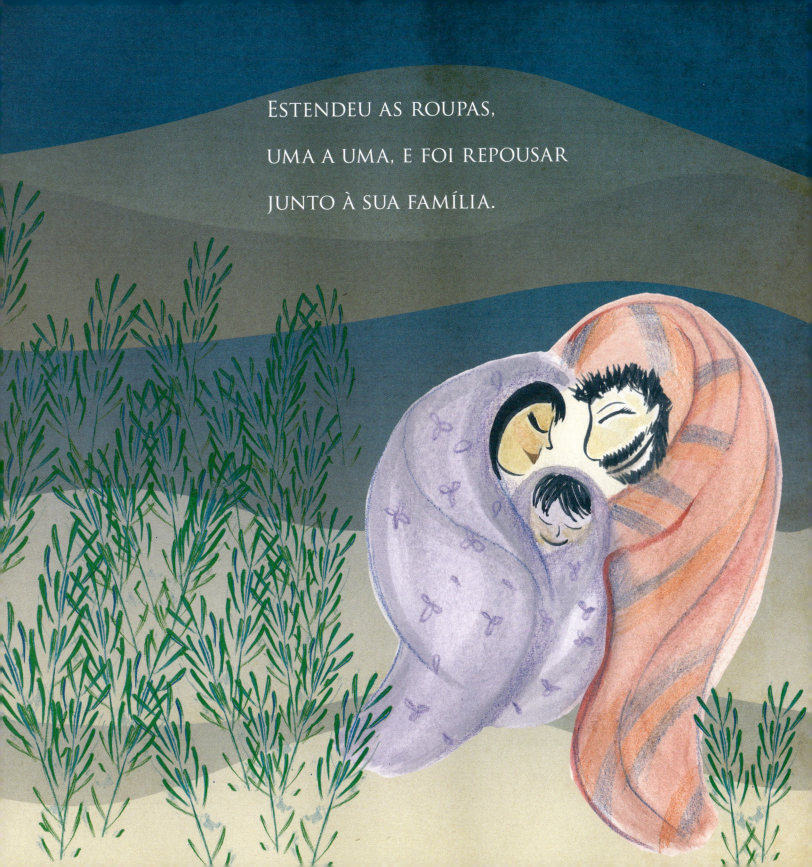

Sol recém-nascido, Maria recolheu peça por peça, ajeitou-as, maternalmente, e vestiu seu filho para continuarem o caminho.

Mas, antes, voltou-se para cada planta e agradeceu a beleza das flores e a leveza dos perfumes, que tornaram tão suave aquele longo trecho.

Ao alecrim, fez um agradecimento especial por ter sustentado o peso das roupinhas de seu filho durante toda a noite, enquanto secavam ao sussurrar do vento brando, perfumado pelas flores.

Nem três passos tinham sido dados, quando, pela primeira vez, o alecrim, repleto de alegria, viu nascerem de dentro de si pequeninas flores da cor do manto daquela abençoada Mãe.

E de seu seio brotou a mais delicada e inconfundível fragrância que até hoje podemos sentir e sorver. Graças à ventura que viveu o alecrim, naquela noite em que auxiliou Maria recebendo sobre suas folhas as roupas do Santo Menino.

Alecrim, alecrim dourado
Que nasceu no campo
Sem ser semeado.

Alecrim, alecrim dourado
Que nasceu no campo
Sem ser semeado

Foi meu amor,
Que me disse assim
Que a flor do campo
É o alecrim

Foi meu amor,
Que me disse assim
Que a flor do campo
É o alecrim.

grupo editorial zit

Primeira edição: novembro de 2011